сатирикон

Владимир Јовићевић Јов

АФОРИ
СТИЧАР

Рад | Београд
2004

Књига је написана још у прошлом времену, а излази тек у садашњем.

                        Афористичар

Афоризнем вам га!

Данило Киш

Све је ово почело мало раније.
Док су легенде још биле стварност.

Некада су колоне револуционара
покретале историју,
а сада се због њих зауставља саобраћај.

Да ли су смели да дођу на власт
они, па ови, па ини па пиони!

Код нас све мање сија сунце,
а све више два месеца.

Осећање одговорности ствара бунт.
А ми смо врло осећајан народ.

Ако нема комунизма, да ли ћемо носити
црнину или црвенину?

Они заправо имају своја имања,
своју послугу и своје иностранство,
али то нико не сме да им открије.

Да ли су потребни тајфуни
да би се завијориле нечије заставе?

Почетак једне соц-бајке:
Била једном једна револуција...

На афоризме реагују они који их никада
нису читали: епске личности!

Мислио сам да је то револуција.
А то су заправо били продавци
кикирикија и семенки.

Сви излази воде у лавиринт.

Свака сличност са живима је случајна.
Она је израз ваше теорије одраза.

Бла, бла, бла... и тако је почело блаћење.

Черно били па видели!

Треба правити разлику између
унутрашњег и спољашњег непријатеља.
Унутрашњи је ближи срцу.
Плус, иде нам на јетру.

Некима из моје генерације
профил је прво био дендијевски,
онда хошиминовски,
а на крају чаплиновски.

Својих сам мисли господар.
Отуда толико демократије у њима.

Историја се понавља, јер са херојима
нема хумора.

Не силазите степеницама власти.
То је увек лифт за губилиште.

Јури и седи, седи и јури!
Психологија једне каријеристичке задњице.

Шта је тражила моја маленкост
у маси полтрона различитог узраста?
Кепеце или голијате!

Једном сам с једном Туркињом неповратно
изгубио пет минута свог живота.
Боље пет минута него пет векова!

Морално распадање захватило је
нарочито њих.
Због тога тако тешко силазе са нас.

Ако је истина да највише верника
има међу сиромашнима,
не приближавамо ли се великом посту?

Упознао сам и паразитске стубове друштва,
у аулама, у паузама.

Није могао да спроведе револуцију до краја.
На концу конца, то од њега другови
нису ни очекивали.

Бацио је сенку на нашу револуцију.
А сенка кô сенка, непрекидно нас прати.

Не пропуштајте аутобусе модерне историје!
Бројеви су 48, 68, 88...

Састанци нам све дуже трају.
То је већ ноћни живот.

Сире, на адресу Ваше светлости
већ стиже доста мрака!

Тамо где су на власти неколико марионета
народ је свакодневно у театру апсурда.

Живот тече а револуција отиче.

Не треба се увек противити властима.
Већ заувек.

Упознао сам и људе плаве хемијске крви,
то јест писце!

Наши очеви нису читали Крлежу.
Не кр – лежи враже!

За боље сутра најбоље је
рано склопити очи.

Тројански коњи не траже хиподром.

Криза је стигла до апсурда,
зато нам је позната приватна адреса
С. Бекета, а за сваки случај
и број телефона Е. Јонеска.

Ко чита између редова – редов је!

Омче су припитомљена ласа!

Читајте досијее!
Ту су успомене на те и те године,
на те и те дане,
на том и том месту,
у толико и толико сати.

Говори истину без обзира
на ризик и последице.
У Ризику си рођен,
а у Последицама живиш.

У политичкој каријери
свако има свог џелата.
То сам прочитао у мемоарима
једне жртве.

Тако је говорио зарад сутра.

Не волим да причам лоше
о умрлим револуционарима.
Али, по природи ствари
све их је више и више...

Ко још памти дане у поларној ноћи!

Лакше је било Лецу да пише
неочешљане мисли.
Није имао јежа у рукама.

Мртво слово на хартији – аутори у партији.

Имао је комплекс литературе.
Увек с писцима, никад с књигама!

За или противник!

Окрећите се за женама.
Тако ћете сазнати ко вас прати.

Ово је земља будала, рекох у себи.

О њему све најлепше.
Био је писац и за време
ослободилачког рата.

Историја је учитељица живота.
Ово друго је подвала ученика.

Чекајући Годоа и ви сте у драми!

Све се може рећи у неколико афоризама.
Али ми смо епски народ.

Пола је рекао Маркс, пола Енгелс.
Зато смо увек на пола пута.

Ни толики дневни ред
не може да смири духове.

Оне које не можемо очима да видимо,
виђамо свакодневно.

Тешко је управљати земљом.
Нарочито после Галилеја.

Гледај у земљу, и видећеш
колико су је пљували!

Многима је пао мрак на очи.
Отуда толико очију у мраку.

Ум memoriam!

Ко је затворио песника?
Стих историје или историја стиха!

Цензори, пишите књиге!
Тако ћете први стићи до рукописа.

Не дај се, conditio SINE qua non!

Бити или не бити – питање је
САД и СССР-а!

Ни Шекспир није рекао: све је труло
у држави Енглеској.

Ко нема мит, има тим.

Као неки увод у историју радничке класе:
„Био једном један пролетер..."

Иако пропадају митови, ми смо и даље
митови.

С тугом сам гледао живот своје генерације.
Глупи беху амбициозни да освоје каријере
које су по природном праву припадале
паметнима.

Видео сам нашминканог трагичара
с мачем од картона, који је говорио
о преврату. Нама!

Увек сам волео политичаре.
Некад мање а некад још мање.

Неописиво је неуписиво.

Потукоше се на Тргу револуције
два пролетера, а на Тргу пролетера
четири револуционара. На Тргу слободе
већ их је било осморо.

Има демократије!
Патуљак је без страха стао диву на жуљ.

Револуција је могућа и у глупљим земљама.
Треба само прећи прелазни период –
од глупе до глупље – државе.

Познајем индивидуу која је пре подне
државни слуга, по подне је
код партијског друга
а увече најусамљенији дисидент.

Генерацијо, ко те ха-шиша!

Питао ме једном један полицајац
шта то записујем.
Рекох: сатиру.
Онда у реду.

Пролетеше пролетери!

Часна реч није довољна народу који воли
епове, легенде и своју историју.

Кад се голи и боси нађу заједно,
јесу ли то оргије или сиротиња?

Демократија је кад ниси оно што ниси.

Једни јуришају на манастире, други
на ветрењаче, трећи су на пола пута,
и тако, све док се не види да су то једни те
исти људи – у јуришу.

Није то тај камен, рекоше Сизифу на врху.

Дошло је и ваших пет векова.

Били смо и ми на сметлишту историје,
али у наранџастим костимима.

Прометеј је украо ватру боговима,
којом су ови једни другима припаљивали
паклене томпусе, за време викенда у рају.

Држава, то осам ја!

Кад их постројише, бејаху одушевљени
вођом, иако, у дворцу огледала не знађаху
који бејаше онај прави.

Док се ја подсмевам властима,
она ми се церека, и тако унедоглед
све док она не одумре, а ја не цркнем.

Титаник нико није напустио.

Како се понаша држава кад јој пљунеш
истину у лице? Пљуне и она тебе,
али уз масовну подршку.

Нисам Кафка – али осећам процес.

Из мемоара једног вође:
Да ли сте гладни: да!
Да ли сте жедни: да!
Онда за мном!

Сви ће се изређати на власти.
Осим народа.

Ласте се враћају с југа,
гастарбајтери са севера.
Нико се не враћа
са запада а камоли са истока.

Исто рију – историју.

Понекад авангарда оде тако далеко,
да је рођена радничка класа
зове да се врати.

Гледамо говорнике и бине
на метар изнад отаџбине.

Шала, шала, па вешала.

Одсвирали су своје!
Али их још држи химна.

Корак напред, два корака назад:
личне грешке у корацима револуције.

Благо томе ко довијек живи.
Имао је безброј функција.

Дух Хамлетовог оца још је актуелан:
„Стој, ко иде?"

Чекајући Годојевића!

Божју браду још нико није обријао!
Где ће се наћи тај изгнаник којем неће
дрхтати рука приликом бријања,
јер после смрти бога, долази епоха
која ће славити божјег бријача,
као атеисту – револуционара.

Данас је чврста рука – шака јада.

Око лакрдијаша стајао је
један те исти народ,
али онај коме више није било
до игара, већ до хлеба.

У циркусу, у ком су политичари на трапезу,
народ неће мрежу.

Бесмртна је смртна казна!

Вођине псе ниједна кафилерија
није се усудила да ухвати, све до
појаве шинтера-револуционара,
који је први спознао законе
ономатопеје (ав, ав, ав...).

Онај који има омчу за врат,
има и врат за омчу.
И обрнуто.

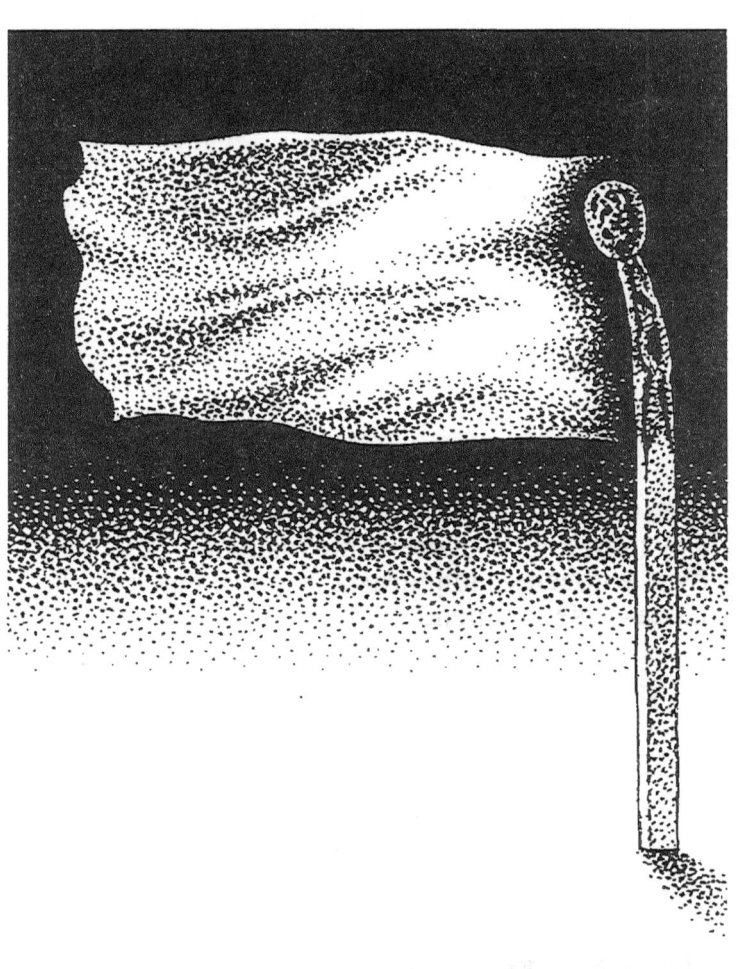

Датуми су наша будућност.

Онима којима је срце са десне стране,
разум је највећи левичар.

Трудили сте се да све ваше шарене лаже
буду у црвеним нијансама, иако су шарене
лаже – увек шарене.

Не излази дух увек из чаробне лампе.
Понекад изађе и на нос.

Постоје земље у којима те такну
чаробним штапићем,
а макну реалном батином.

Народ се греје речима, јер да се греје
другачије,
одавно би се смрзао.

Била једном једна политика,
док се није појавио политички живот.

Постоје и озбиљни часови сатиричара,
када сви цркавају од смеха.

Наше друштво је дадаистичко.
Сви смо за ДА.

Ево шта о мојим афоризмима мисле цензори
Лецове домовине: Добже, барзо добже!
(Добро, врло добро!)

Мува цензор!

У великом степену неодговорности живимо.
Зато смо све мањи.

Не скраћујте братство и јединство у БИЈ!

Не разумем зашто толико желе да владају, кад већ треба да мирују.

За наш Сезам, мало је реч – потребан је говор!

Живчани систем врло брзо постане жичани.

Упознао је и наказне стране друштва.
Њему, као Франкештајну,
то бар није било тешко.

Кога су издали нерви, нису ћелије.

Не желим никог да отерам на робију –
рече џелат, приликом егзекуције.

Политичар је политичар је политичар.

– Мисао вам је лицемерна.
– Јесте, мерио сам је према вашем лицу!

Савремени Цезари не прелазе Рубикон.
Рубикон прелази њих.

Буквалисти су веровали да револуција
носи олујно небо, све док није зарудело
зубато сунце на хоризонту.

Није све тако црњански!

У тој земљи, родољуби нису били на цени,
– већ на нишану.

Држава заказује састанке рано.
Освета уметницима, који лежу касно.

Каламбуре за буре! – рече Диоген.

Они нису само скренули с пута,
него су нам однели и пут!

Да ли је неуспех револуције срушио
зид ћутања.

Ено га стоти вођа,
помисли двехиљадити грађанин
на почетку миленијума.

Нико никога не примећује.
Само нико примећује никога.

О политичности нашег човека:
пасивно гутање онога што се нуди
на послужавнику. Уз могући затвор.

И црвено је црно кад се гледа
превише је сунце.

Све је више дијалога – утроје.

Шерпаси свакодневно посећују врхове
Многи се никада не врате.

Једни пишу по диктату.
Други по диктатору.

Нисам веровао да уперени прст
може да пуца,
док се човек поред нас није срушио.

Револуција, револвер, револт и наопако.
Револт, револвер, револуција...

Знам човека који је рођен у знаку Теразија
и Трга Маркса и Енгелса.

Данас је најтеже нојевима.
Оптужују их да роваре.

Народу је дошло до грла.
Иначе, и кичма иде дотле.

Устао сам на леву ногу. Била је то сва моја „револуционарност" тога дана.

Појединци увек иду на разговоре с Њим. Сатиричар никако да утврди да ли је то нема комика, или нема трагика.

Мозак је козак.

Махали су вођи, иако нису имали руке.

Обешен човек има најдужи језик.
Мисли џелат.

Док смо тада марширали кроз снег,
веровали смо да једна ластавица
не чини пролеће.

С црнцима у тунелу стваране су империје.

Хватајући конце, откривамо марионете.

Кад се у биографије уписује датум рођења
и године живота, треба се посебно,
током сваког бријања, осврнути
за својим сопственим идентитетом.
Познато вам је, где је близу бритва...

Понеко је упознао свога бога
и у социјализму.

Путеви се прелазе на зелено,
а раскрснице на црвено.

Једна ластавица не чини пролеће,
мада су неке птице већ пропевале.

Из неких сатова излази – кукавичлук.

Испоставило се да то бјеше ђавао
у тијелу које је засједало.

Извесни споменици досежу кроз грање небо.

На који ли ће се мравињак срушити
споменик вођи, који ни мрава није згазио?

Један вођа не чини две револуције.

Са старим револуционарима нема дијалога,
само мемоара.

С полицијом нема шале; има вицева.

Драги путници!
Још није пронађена „црна кутија“
„Беле књиге“.

Да једна ласта не чини пролеће,
најбоље знају сибирске птице –
рекла је ара Александра Солжењицина.

Досетке у досијеима.
Да ли је то доказ да са властима нема шале,
вицева, каламбура, сатире, афоризама,
комедије, фарсе, гротеске, хуморескe...

Не спавајте сном праведника!
У међувремену други освајају јаву.

Гаје папагаје!

Покажите слепцу пут.
Да га он не би показивао.

Ко сахрањује афоризме, гледаће у чизме!

Тежак је посао бити политичар. По читав дан (годину, век) раде оно што није рад, није уметност, није политика, ал' не питај се, читаоче, шта је.

Бескичмењацима су туђе кичме
одскочна даска да се вину
у бездушни простор каријеризма.

Воде нас генијални аматери.
Историја ће показати,
да ли аматерски или генијално!

Чим сам предложио шире, дали су ми уже.

Не труди се да будеш див у земљи патуљака.
Проћи ћеш као Гуливер!

Прва фотеља заборава нема.

Ратних злочинаца је све мање,
а мирних све више.

Балсамовање је вечно самовање.
Због тога је бесмртни вођа
наредио нешто друго.

Никада не разбиј огледало револуције!
Где ће се огледати његов нарцис?

Роман мора да буде подобан,
рече Солжењицин и оде у емигранте.

Ћелија плус ћелија и рађа се човек.

Не постоји механички пут.
Постоје механичари и пут.

Нема слова без благослова.

Није проблем у татиним синовима
већ у очевима татиних синова.

Не живимо време Канта, него време канте!

Ово је бурна епоха.
Више бура, него епоха.

И у басне већ касне.

Они који су скочили увис,
оставили су нам мотку.

Ars aforistica, апс афористичар!

Ја нисам видео, ти ниси видео, они нису видели...
И тако у свим временима.

Циљ подигне себи споменик и без средстава.

И ми бисмо подигли споменик
незнаном јунаку.
Али га познајемо.

Не убија само метак из револвера,
него и залутали ћорци револуције!

Сви Црногорци су смртни,
осим Његоша.

Какав отац, таква отаџбина.

СЛОВА БЕЗ БЛАГОСЛОВА

По самој природи ствари, сваки приступ поетици афоризма, макар и био сасвим пригодан, подразумева враћање ad fontes. Међутим, и антички нам извори показују да се ова кратка форма провлачила кроз векове некако непримећено, није увек била јасно дефинисана нити нормирана у поетикама које су заговарале строги нормативизам. Можда се боља страна судбине ове лапидарне форме тиме и објашњава – афоризам је био „мисао" фрагментарно дата чија се пуна узајамност мора потражити у неком повезанијем систему. У веку просвећености афоризам стиче несумњиво аутономнији статус. Један ће му Ларошфуко дати суморну озбиљност зреле људске мисли која се равна према Разуму, а Лабријер ће, рецимо, читати „карактере" сажето и у истом кључу. И у једном и у другом случају, афоризам је био не само случајни стилски блесак, фамозна „искрица" мисли већ истински детонатор који ослобађа енергију нових идеја. Стеге феудализма су пуцале по свим шавовима, између осталог и под утицајем таквог детонатора, па ће се таква његова моћ задржати у свим репресивним тоталитарним системима. Истина, у Ничеовом или Шестовљевом случају афоризам је облик за исказивање филозофске сентенце, то је оно што је „песничко" у Ничеовој филозофији или снажан изазов за тумачење апсурда код Лава Шестова. Истини за вољу – барем у ранијим временима – афористичари, највећи чак, баве се такозваном „природом људском" па се оштрица њихове сатире моралистички усмеравала. Било како било, афоризам је изражавао отпор тоталитаризму, без обзира да ли је реч о феудализму или пак о социјализму.

У каснијим временима пак, сатира се афористичкога жанра везивала за национално, критиковала његове мане. С Пољацима ће се отворити нови значајан круг, форма ће се обогатити новим садржајима и доћи ће до изражаја функција детонатора.

Та кратка, прегнантна форма ће се показати најбоље у следу једне ироничне мисли која је одлика Београдског круга сатиричара који жанру дописује – без сумње – значајне странице. У њему је најпре схваћено да жанровски облик није прегнантност форме, није сметња већ обавеза и изазов. Један стваралац управо из тог круга, Владимир Јовићевић Јов, чијим се делом у овом осврту бавимо, нуди најбољи допринос једној примењеној поетици афоризма.

Јовови афоризми заиста нас најбоље уводе у поетику афоризма па ћемо се кратко осврнути на неке њихове карактеристике.

Наиме, у својим почецима Београдски афоризам се објављивао као жанр близак поетичном епиграму. О томе су говорили речито многи његови знаци – актуелност теме, оштрица усмерена углавном на политичка збивања, својеврсно „прозивање и кажњавање" криваца. Разуме се, битно у систему конотација које подразумева оваква форма тиме се не исцрпљује, јер се афоризам ипак не може свести на политички епиграм, на дневну паролу или неку врсту усмерене „поруке". Још једна одлика вредна је помена. Наиме, ни Београдска школа, барем у почетку, није избегла опасност понављања већ знаног. Од традиције се и она тешко одвајала. Тек ће касније бити усвојен специфични „деликт мишљења" као значајна тема Београдског круга афористичара. Но, иако је важан за традицију, Београдски круг са својим најбољим ствараоцима убрзо се окреће оним универзалним вредностима које свака истинска уметничка творевина следи.

У том кругу Владимир Јовићевић Јов заузима несумњиво веома значајно место. Присутан је на страницама новина, у средствима комуникације па се заразна снага његовог афоризма веома брзо и наметнула. Код Јова је афоризам најпре потрага за новим, одговор на изазов времена, али се његова иронична мисао формирала углавном као стилски дорађен облик испуњен властитим садржајем. Тако из његовог афоризма блесне дан у поларној ноћи, формира се фино грађен и прецизно обликован парадокс једног афористичког говора у виду слова која немају – нити га траже – благослова.

Као сатиричар који не пристаје на лагодност и конформизам Јов непрестано денунцира свет и себе нудећи нам афористички говор који се храни стваралачком инвенцијом. Изразито је богатство Јововог афоризма – у једном тренутку он блесне као сјајно грађен стилски парадокс на тему суморне истине да нам сви путеви воде у лавиринт, у другом као шира мисао о чернобилизацији света који је већ орвелизован до краја, да би се и у једном и у другом случају и уопште, наметнуо својим изазовом чија снага прочишћења је од најширег значаја за оне који тај афоризам памте, усвајају и примају с његовом поруком. И када се Јов понуди неким својим афоризмом и као сатиричар домановићевске провенијенције, он своју мисао освежава наглим обртом – не ваља силазити степеницама власти, али не због тога што се власт тешко оставља већ због тога што је то овде и сада, обавезни пут за губилиште. Јов је од оних који су дорекли оно што Шекспир није казао – труло је све у земљи, овде се његов афористички говор одвија у земљи у којој и прст пуца као револвер када се упери у класног или партијског непријатеља, у којој се владару чини да и обешени непријатељ није довољно обешен јер му је језик још увек дугачак.

Мисаон, сав прожет оригиналном рефлексијом, без лажних ефеката, удаљен од употребљиве форме обичног политичког епиграма, Јовов афоризам има у себи елементе традиције и школе, али се не своди на њих – он гради ефекте откривајући неочекиване семантичке могућности снаге побуњене речи. Стилски богати, нови, Јовови се афоризми намећу као афористички говор препознатљив по својој оригиналности, не као случајни стилски обрти и устаљене духовитости каквих иначе има, већ као ватромет речи које звуче промишљено, мудро и спокојно.

Мирко Ђорђевић

БЕЛЕШКА О АФОРИСТИЧАРУ

Владимир Јовићевић Јов рођен је на Цетињу. Школовао се на београдском универзитету (филозофија и новинарство). Прве текстове, афоризме и књижевне критике објавио је у *Студенту*. Сарадник бројних листова и часописа, Телевизије Београд (емисија „Ипак се окреће" и др.). Објавио преко 3000 шахоризама у „Политици". Тренутно је уредник хумора и сатире у „Експрес"-у. Члан је Удружења књижевника Србије. Добитник је престижне награде „Радоје Домановић" за сатиру и награде за афоризме „Драгиша Кашиковић". Преведен је на више језика и заступљен у више антологија савремене српске сатире. Живи и ради (секретар Задужбине „Радоје Домановић") у Београду.

Tehnicom и Радом –
до успеха

Владимир Јовићевић Јов
АФОРИСТИЧАР

*

Главни уредник
НОВИЦА ТАДИЋ

*

Рецензенти
ЗОРАН ГЛУШЧЕВИЋ
МИРКО ЂОРЂЕВИЋ
РАТКО БОЖОВИЋ
ИВАН ШОП

*

Графички уредник
МИЛАН МИЛЕТИЋ

*

Лектор и коректор
МИРОСЛАВА СТОЈКОВИЋ

*

Припрема текста
Графички студио РАД

*

Издавач
ИП РАД
Београд, Дечанска 12

*

За издавача
СИМОН СИМОНОВИЋ

*

Штампа

СПРИНТ,
Београд

ДРУГО ИЗДАЊЕ

CIP – Каталогизација у публикацији
Народна библиотека Србије, Београд

886.1-84

ЈОВИЋЕВИЋ ЈОВ, Владимир
    Афористичар / Владимир Јовићевић Јов ; [илустрације Југо-слав Влаховић]. – Београд : Рад, 2004 (Београд : Спринт). – 75. : илу-стр. ; 20 cm. – (Сатирикон)

Слика аутора. – Тираж 500. – Стр. 71–74: Слова без благослова / Мирко Ђорђевић. – Белешка о афористичару: стр. 75

ISBN 86-09-00763-4

COBISS-ID 94472204

www.ingramcontent.com/pod-product-compliance
Lightning Source LLC
Chambersburg PA
CBHW060214050426
42446CB00013B/3071